Annelie Meurer

Herbert Meurer

Zu diesem Buch

Annelie und Herbert sind seit fast 50 Jahren ein Paar. Sie hatten bisher nicht die Möglichkeit zusammen zu arbeiten.
Das Leben ließ sie unterschiedliche Aufgaben bewältigen. Heute aber haben sie zum ersten Mal ihre künstlerischen Möglichkeiten vereint!
Annelie Meurer als vielfältige Malerin,
Herbert Meurer als Schauspieler und Regisseur, der zum Autor wurde.
Die beiden ergänzen sich perfekt.
Wie denn auch wenn die Verbindung ein halbes Jahrhundert gehalten hat.

Herbert Meurer

GENAU HINSCHAUEN

Limericks

Lyrik

Prosa

mit Gemälden von

Annelie Meurer

Mehr von Herbert Meurer:

Auf die Patienten fertig los   ISBN 978 384 236 4943
Auch als Hörbuch   ISBN 978 300 034 6224

Deutsche Erstausgabe Oktober 2015
überarbeitet März 2016
© 2015 Herbert Meurer + Annelie Meurer

Umschlagbild: Annelie Meurer
Layout: Samira Samman
Herstellung und Verlag: BoD – Books on Demand, Norderstedt

ISBN 978-3-7386-5149-2

Für unseren Sohn Marius

Inhaltsverzeichnis

1	*Alte Krüge 2*	Seite	4
2	Frohes Fest	Seite	5
3	*Leben*	Seite	8
4	Das Paket aus Amerika	Seite	9
5	*Blumenrausch 3*	Seite	12
6	Ich erinnere mich noch gut daran	Seite	13
7	*Vorsicht*	Seite	16
8	Überraschung	Seite	16
9	*Menschen*	Seite	18
10	Der Sinn	Seite	19
11	Lebensrhythmus	Seite	20
12	*Birds*	Seite	21
13	Wünsche	Seite	22
14	*Lust auf Äpfel*	Seite	23
15	Andere Sicht	Seite	24
16	*Ruhe*	Seite	25
17	*Sommerregen*	Seite	26
18	Kreislauf	Seite	27
19	*Theater*	Seite	28
20	Liebe	Seite	29
21	*Sommer*	Seite	32
22	Leben	Seite	33

23	*Weg*	*Seite*	*34*
24	Wohin	Seite	35
25	Sehnsucht	Seite	36
26	*Weltall*	*Seite*	*37*
27	Frage	Seite	38
28	*Schwerelos*	*Seite*	*39*
29	*Sahara*	*Seite*	*40*
30	Erkenntnis	Seite	41
31	*Bambus 5*	*Seite*	*42*
32	So war´s	Seite	43
33	Ein Tag im Leben	Seite	44
34	*Bambus 3*	*Seite*	*45*
35	*Zerrissenheit*	*Seite*	*46*
36	Eigentlich	Seite	47
37	*Mexiko*	*Seite*	*50*
38	Lachen	Seite	51
39	*Karneval der Clowns*	*Seite*	*52*
40	Alleine sein	Seite	53
41	*Flieg Vogel, flieg*	*Seite*	*54*
42	Kinder	Seite	55
43	*Abgeblockt*	*Seite*	*60*

Alte Krüge 2   *Aquarell (39/30cm)*

Frohes Fest

Familie Klein, wie sie so heißt,
ist eher groß, was mal beweist,
Namen sind bloß Schall und Rauch.
Besagte Familie, so will es der Brauch,
trifft sich gerne zum Weihnachtsfeste,
für eine große Familie überhaupt das Beste.
Dann kommen alle,
aus dem Knast auch Großneffe Kalle!
Dieses, aber nicht jeden der Kleins erfreut,
Kalle hat zwar die Tat bereut.
An diese erinnern sich alle mit Grauen,
bloß, soll man sich deshalb das Fest versauen?
Mit der ganzen Familie, auch allen Neffen,
will man sich nur in fröhlicher Runde treffen.
Man gibt sich heiter, entspannt und gelöst,
nur Opa allein in der Küche döst.
Neben all den Kerzen in rot und in weiß
wird's ihm schnell ein bisschen heiß.
Advent, Advent, die Oma rennt
weil Otto ruft, dass Opa brennt!
Kopflos stürzen alle aus dem Raum,
als letzter fällt der Tannenbaum,
der haut hinweg den Römertopf,
dieser landet Hans am Kopf.
Hans schreit sofort: „Das war der Kalle!"
Der kontert: „Du hast sie nicht alle!"

Der Braten nun kein Festtagsschmaus,
für ihn war der grüne Baum das Aus!
Statt Braten gibt es nur noch Brot
die Festtagsstimmung ist ja tot!
Oh Tannenbaum, Oh Tannenbaum,
es lohnt sich nicht zurückzuschauen.
Alle müssen nun nach vorne sehen,
man will das Fest ja überstehen.
Keiner will Otto mehr vertrauen,
alle wollen ihn verhauen!
Der ist mit Recht zutiefst gekränkt,
war er es nicht, der Opa angesengt!
Grausamkeit zur heiligen Zeit
macht sich immer weiter breit!
Man ist zu eng zusammen,
Gewalt lässt sich kaum bannen.
Kalle hat den eigenen Bruder,
zugegeben, ein ziemliches Luder,
mit der Geflügelschere waidgerecht tranchiert,
sich deswegen nicht einmal geniert!
Stille Nacht, heilige Nacht,
Kalle hat den Bruder umgebracht!
Der jährliche Kampf um Keule und Brust,
erweckte in Kalle die Mörderlust!
Darum wollen Kleins, man mag es erraten,
zum Weihnachtsfest nie mehr Gänsebraten.

Ach ja, auch Opa darf nicht mehr alleine
ruhen im bunten Kerzenscheine.

Leben *Wasserfarben auf Aquarellpapier (63/44 cm)*

Das Paket aus Amerika

Ich schreie Hurra, Hurra, Hurra,
ein Paket aus Amerika ist da!
Geschickt von meiner Tante Rose,
vollgestopft mit mehr als einer Dose.
Gefüllt ist es mit sieben Dosen
und zwei paar neuen Nietenhosen!
Ich finde eine Dose Röstkaffee,
nicht aber, eine voll mit Tee,
eine Dose Schokolade,
eine andere voll mit Marmelade.
Jetzt kommen schon die Hosen,
neben zwei Olivendosen.
Alles ist perfekt beschriftet,
damit kein Unheil wird gestiftet.
Die letzte Dose ist nicht markiert,
was mich doch sichtlich irritiert!
Die Beschriftung ist ganz stark geschunden,
durch Reibung dann wohl echt verschwunden!
Geöffnet hab ich Pulverstaub gefunden,
geruchlos und auch nicht gebunden!
Bestimmt ein Mittel gegen Magenschmerzen,
Tante Rose schenkt von Herzen!
Ich nutzte diese Medizin zu Ende,
für meine Schmerzen war's die Wende.
Die Pein war weggeblasen,
in allen ihren Phasen.

Nun schmerzfrei, gesund und munter,
wurde auch mein Leben wieder bunter!

Ein Brief von Tante Rose dann,
der war normal und nicht zu lang.
"Das Paket habt ihr bestimmt bekommen,
denn Schreiben konnte ich nicht
-war zu benommen!
Nun steh ich wieder auf den Beinen,
und brauch beim Schreiben nicht mehr weinen.
Im tiefsten Schmerze, meine Lieben,
habe ich jetzt diesen Brief geschrieben!
Der liebe Onkel Ottokar,
er starb mit 83 Jahr!
Seine Asche schickte ich nicht lose,
sie kam in eine Dose!
Es war sein letzter Wille,
in der Heimat zu ruhen, in aller Stille!"

Blumenrausch 3 *Aquarell (40/50cm)*

Ich erinnere mich noch gut daran

Ich war klein, sehr klein,
um mich herum Natur,
wie der Ursprung sie kann geben nur.

„Werde groß und lerne erkennen",
riefen die, die wir die Eltern nennen.
Ich folgte ihrem Rat
und in der Tat,
ich wuchs heran,
Erkenntnis lernend dann und wann.

Heute ein wenig schon betagt,
werde ich des Öfteren gefragt:

Woher kam nur all die Kraft,
die dein Leben ausgemacht?

Was war es, das dich wachsen ließ
die Kraft in deinen Körper blies?

Was ließ dich in das Alter senden,
um bald dein Leben zu beenden?

Die Antwort ist da schnell gefunden,
sie hat ein Leben lang mich stark geschunden!

Es war vom Ursprung her
die Angst vor dem Versagen,
die mich durchs Leben hat getragen!

Erfolg und Macht, das war mein Ziel,
auf Erden zählst man sonst nicht viel!

Ein Leben lang rennen und sich plagen,
um dann am Ende sich zu fragen:

Lohnte alles was du machtest?
War es das wonach du trachtest?
Hast du dein Leben nur vertan
in der von dir gewählten Bahn?

Ich will keine Antworten erhalten,
gibt es nichts mehr zu verwalten!

Ich werde dennoch allen sagen,
sollte man mich danach fragen,
dass du Natur mich durch die Welt getragen.

Natur, ich würde dir gerne Danke sagen,
an diesen meinen letzten Tagen!

Vorsicht *Acryl (40/30cm)*

Überraschung

Es war einmal ein Bleistift, der hätte so gerne ein Gedicht geschrieben. Also pflegte er seine Spitze, ging sorgsam mit dem Blei um und suchte nach dem passenden Papier! Das Angebot war reichlich, mitunter sogar kokett – bedachte er in welch aufdringlicher Form man sich ihm unterschob!

Er erschauerte, dachte er an das rosa Büttenpapier, das sich unter ihn legte und Blei verlangte um einen Einkaufszettel zu kreieren! Das Zeitungspapier, voll mit schlechtester Druckerschwärze forderte sein edles Blei um eine Annonce kenntlich zu machen. Er wurde verständlicherweise depressiv, lag er doch auf dem Schreibtisch vor einer stattlichen Bücherwand. Egal wie er sich wendete, ständig hatte er die großen Dichternamen vor sich. Die hatten auch einen Stift benutzt, bestückt mit Blei, er aber schrieb nur Einkaufszettel, Notizen, Telefonnummern, – schlicht und einfach Wegwerfware! Alles schien ihm aussichtslos, zumal er sein Ende kommen sah. Das Pflegen der Spitze kostete ihn viel Holz und so wurde er auch immer kleiner. Angestachelt von seiner berechtigten Verbitterung, wollte er ein Ende machen! Er ließ nun ständig seine Spitze abbrechen und wurde stumpf. Der Bleistiftspitzer sorgte für den Rest!

Geblieben war ein kleiner, unscheinbarer, viel zu kurzer Stift! Doch dann ergriff ihn eine Hand und führte ihn zu einem einfachen Bogen Papier. Sein müdes Blei füllte den weißen Bogen nur mit einem Satz:

„Bleib hier, es tut mir leid, ich liebe Dich!"

Hierauf wurde er behutsam auf die Schreibablage gelegt und lebt nun mit den großen Dichtern in zufriedener Gemeinsamkeit.

Menschen　　*Tusche auf Aquarellpapier (40/30cm)*

Der Sinn

Hat man endlich es dann geschafft,
sich aus dem Mutterleib gerafft,
sich gleich Gedanken mehren,
die das Leben direkt erschweren!
Denn von jetzt an heißt es immer,
„ich will" und das, das endet nimmer!

„Ich will" ist Motor, der uns treibt,
im Leben uns nicht viel mehr bleibt.

„Ich hab genug", wer das gesagt,
der hat sich nicht so sehr geplagt!

Es gab auch Eltern, die viel gaben
damit wir im Leben alles haben?

Aber die meisten rufen immer,
enden wird das wirklich nimmer:
Ich will, ich will, ich will
und plötzlich wird es still!

Der, der in das Gras gebissen, wird den Spruch
wohl kaum vermissen!

Ich wollte es nimmer,
tat es aber immer!

Lebensrhythmus

An einen Sonntag kamen zwei Ostereier
auf den Tisch von Familie Meier.
Gefärbt war eines dieser Eier
wie die rote Vase von Frau Meier.
Das andere Ei war eher bunt,
ähnlich wie Herrn Meiers Schlund.
Dieser war verfärbt vom Alkohol,
ihm war's heut Morgen auch nicht wohl.
Fragt ihr jedoch Frau Meier,
passten diese Eier,
exakt an diesem schönen Morgen,
zu einem Osterfest ganz ohne Sorgen.
Eröffnet wurde nun das österliche Spiel,
man wollte von dem Fest ja viel!
Hurtig wurden beide Eier nun gepellt,
die Schalen in den Abfalleimer geschnellt.
Die Eier waren wieder weiß
jedoch sie waren kalt und gar nicht heiß.
Meiers saßen an dem Tisch
Wurden aber nachdenklich!
Weg waren sie die bunten Eier
verschwunden vom Ostertisch der Familie Meier!
Jetzt weiß Familie Meier,
es geht weiter ohne bunte Eier,
ein ganzes langes, langes Jahr,
eigentlich wie's immer war.
Frohe Ostern!

Birds *Acryl auf Leinwand (20/20cm)*

Wünsche

„Alt werden, ein erfülltes Leben hinter mich bringen, das wünsche ich mir!" jubilierte die schon fast gepflückte, fette, über dem Boden hängende Erdbeere, als sie den prallen Apfel sah, der durch widrige Umstände plötzlich Fallobst geworden war! Der hauchte verletzt, schwach und stöhnend der strahlenden Erdbeere entgegen:

„Siehst du die hungrigen Schnecken hinter dir?"

Lust auf Äpfel *Pastellkreide (26/22cm)*

Andere Sicht

Ich angelte mit Leidenschaft.
Ich holte Fische aus dem Wasser, indem ich sie mit allerlei Tricks überlistete.
Das waren bunte Blinker, Würmer die Haken versteckten, wendige Schmetterlinge, und vieles, vieles mehr.
Das war nicht schwer, denn die Fische sind auf meine Tricks hereingefallen weil sie glaubten, ich wolle mit ihnen spielen!
Dann passierte mir aber Folgendes:
Ein dicker Fisch, der stärker war als ich, holte mich neulich zu sich ins Wasser rein, zog mich an seinen Kopf heran und flüsterte mir ins Ohr:

„Wenn du Hunger hast, gebe ich dir ein Stück von meinem letzten Menschen!"

Als ich nicht antwortete, warf er mich zurück ans Land!

Heute angele ich nicht mehr.

Ruhe   *Acryl auf Leinwand (20/40cm)*

Sommerregen   *Acryl auf Leinwand (50/60cm)*

Kreislauf

Meine liebe Tante Rosario,
die lebte in Ontario.
Sie war etwas besonders Lustiges
und wollte stets nur Wurstiges.
Sie wurde deshalb immer fetter,
wurde also auch nicht netter!
Sie ging so richtig aus dem Leim,
Stand war unmöglich,
egal auf welchem Bein!
Dann versagte noch ihr Herz,
jetzt hatten wir den großen Schmerz!
Wir brachten dann die Schwere,
kraftvoll mit 6 Mann in die Erde.
Danach löschten wir mit Bier den Durst
Und aßen dazu reichlich Wurst!

Theater *Pastellkreide (32/44cm)*

Liebe

Es war einmal ein Eisschrank, ein großer, schwerer,
cooler Typ!
Sein Job war Eisen, Kälten, Hüten
– 24 Stunden ohne Pause!
Der Typ nannte das schon seine Sause!
Er war total beliebt,
er doch Lebensmittel am Leben hielt.
Aber eines machte ihn traurig,
für den Betrachter war es schaurig!
Die Liebe hatte diesen Typ ereilt,
kaum hatte sie in ihm verweilt.
Eine Salami besuchte ihn, groß und schlank,
ihr Teint war bestechend, sie war auch noch rank.

Er wollte diesem weiblichen Wesen zeigen,
du bist es, sei immer mein eigen!
Er musste einen Weg jetzt finden,
das Wesen endlich an sich binden!
Wenn sie sein kaltes Gitter nur berührte,
sie jedes Mal Kribbeln tief im Inneren verspürte!
Das war ganz echt, ein ehrliches Gefühl,
in all dem herrlich keimenden Liebesgewühl.
Doch diese Liaison hielt nur ein paar Tage und
wurde beendet mit ihrer Frage:

„Wenn Du noch länger zögerst, alter Recke,
dann bleibst Du wohl auf der Strecke!
Ich bin schnell aufgegessen,
dann musst du mich vergessen!
Nichts wird sein, wie es mal war,
ich bin bald schon nicht mehr da!"

Jetzt war er am Zug zu zeigen,
dass zum Mut er würde neigen!
Er gab Befehl zum Widerstand,
der Motor seine Ruhe fand!

Die kleine Süße, von der Kälte jetzt gemieden,
wurde von viel Wärme nun bestiegen.
Sie lungerte herum, wurde schnell missachtet,
dann in den Mülleimer direkt verfrachtet.
Doch er, der coole Typ sich fragte:

Das Eis war dir ein Schutz,
Wärme brachte dir nur Schmutz!
Solltest Du der Liebe wegen,
dein Innerstes ins Eis jetzt legen?

Der coole Typ hat eine Antwort nie gefunden,
gab es Menschen, die lange schon gebunden.
Diese haben ihm gesagt, als er sie hat gefragt:

Ohne Wärme geht das Leben nimmer,
Kälte schadet deiner Liebe immer.

Sommer *Acryl (40/30cm)*

Leben

Ein Windzug eilt
und nimmer kehrt er wieder.
Der Gedanken bleibt
und drückt dein Ego nieder.

Ein Windzug eilt
vorbei an nicht zu zählenden Stationen;
die Einen lehrt er frieren,
die Anderen jubilieren;
Das sind nur zwei von vielen Reaktionen
Bei nicht zu zählenden Stationen!

Ein Windzug eilt,
hat kaum verweilt,
musste schnell hinweg.
Das betraf nicht nur mich
sondern auch Dich!

Ein Windzug eilt
ist Hoffnung bei Junioren,
und Resignation bei den Senioren.
Doch diese Formel stellt dir frei,
wann Du es bist,
ob Du dabei!

Weg *Acryl auf Leinwand (60/50cm)*

Wohin

Wenn man mit Akribie sucht lange,
wird es dem Menschen angst und bange.

Der eine fragt sich nach dem warum,
der andere findet das nur dumm.

Ein Leben lang zu suchen,
führt meistens nur zum Fluchen.

Vergessen wir das Fluchen,
brauchen wir nicht mehr zu suchen.

Halten wir jedoch die Augen ganz weit offen,
können wir erleichtert wieder hoffen!

Hoffen heißt nicht suchen,
das geht nun wirklich ohne Fluchen,

für uns heißt es neue Wege finden,
damit wir wieder Kräfte binden!

Sehnsucht

Ruhe finden,
Gedanken binden;

Stille spüren,
Gedanken führen;

Reichtum entbehren,
Gedanken mehren.

Ist das ein Deal?
Oder gar ein Ziel?

Keine Bindung
ohne Findung,

Kein Führen
ohne Spüren,

Keine Mehrung
ohne Entbehrung.

Diese Erkenntnis bringt zu Tage,
ergibt ganz schnell die Frage:

Wenn ich ein Leben lang dabei dann bin,
macht dass überhaupt noch einen Sinn?

Weltall *Pastellkreide (30/40cm)*

Frage

Man war sofort bereit,
war es doch prophezeit,

die Welt als Füllhorn des Schönen zu zeigen,
diese Erkenntnis wurde schnell uns eigen!

Von den Versprechen kam man wieder ab,
da die Erkenntnis machte hurtig schlapp!

Oft mal traurig, oft mal heiter,
hieß es, kämpft doch weiter!

Was der Kampf dann brachte, wusste keiner,
einmal war das Leben feiner,

ein anderes Mal so schlimm,
weil man im Chaos ständig hing!

Man sehnte sich nach ruhigen Pfaden,
ging hiermit auch ganz kräftig baden.

Wenn es auch nicht gefällt
ein Gedanke sich dazugesellt:

Steckt hier vielleicht was andres mit drin?
Wenn ja, dann macht das Leben wirklich Sinn!

Schwerelos *Acryl auf Leinwand (30/30cm)*

Sahara *Acryl (50/65cm)*

Erkenntnis

Uns allen,
auf diese Welt gefallen,

wird mit allem Ernst gezeigt,
wozu der Mensch im Leben neigt!

Er hastet und eilt durch viele Jahre,
vergisst jedoch dabei die Bahre.

Erkennt diese große Last
kaum aber als die letzte Hast.

Die aber, die ihn heut zu Grabe tragen,
stellen stets die gleichen Fragen.

Wohin nur ranntest Du verrückter Thor,
hattest doch noch vieles vor?

Das macht doch alles keinen Sinn,
wo bist du denn so plötzlich hin?

Viel hätte vor dir liegen können noch
Du aber beugtest dich dem Joch!

Bambus 5　　　*Tusche auf Nepalpapier (30/21 cm)*

So war's

Es fing wohl damit an,
mein Leben mit einem Schrei begann!

Lang, lang ist das Geschehen her,
doch heute weiß ich dafür mehr.

Hoffnung auf viel Neues war mir eigen,
und das sollte sich ganz ungestüm mir zeigen.

Aber viele meiner Träume schwanden schnell,
das Leben nahm hinweg die Bilder bunt und hell.

Ich musste mich den Dingen beugen und ergeben,
konnte mich nicht auf Traumes Ebenen erheben.

Dass ein Schrei es war,
der ins Leben mich gebar,

hab ich deshalb nicht vergessen,
jedoch bin davon besessen,

hätte das Leben ohne diesen Schrei begonnen,
alle Träume wären gleich zerronnen!

Ein Tag im Leben

Es war die Sonne, die den ganzen Tag sich zeigte
dieser aber jetzt dem Ende zu sich neigte.
Viele Dinge man erlebte,
in Asien gar die Erde bebte.
Für uns ein schrecklicher Fakt,
Medien berichteten im Stundentakt.
Von allem weit weg,
nahmen wir das Ereignis auf,
ließen den Dingen den grausamen Lauf.
Hier war es ein Tag,
wie man ihn immer wieder mag.
Glück und Leid, oft waren ausgeglichen,
Sorgen somit aus unserer Welt gewichen.
Von Freude hielt das Grausame uns nicht ab,
auch Leid war bei uns zuhause eher knapp.

Doch muss heut ein Resümee man ziehen,
denn Fakten kann man nicht entfliehen!

Es war ein Tag, der die Einen erfreute,
die Anderen unter Tränen gereute.

Im Leben aller Menschen ist das Gang der Dinge,
Tag für Tag hofft man, dass es mit Freude ginge,

immer weiter ohne Leid,
doch dazu ist die Welt noch nicht bereit.

Bambus 3 *Tusche auf Nepalpapier (30/21cm)*

Zerrissenheit *Pastellkreide (21/19cm)*

Eigentlich

Eigentlich sollte ich weinen
mit den Deinen
mit den Euren,
für Euch waren es die Teuren!
Aber ich kann das nicht,
meine Augen halten dicht.
Auch wenn ihr glaubt zu meinen,
das weinen,
den Deinen,
den Euren,
den Teuren
jetzt hilft.

Ihr aber solltet lachen,
euer Leid nicht streng bewachen,
auch wenn viele andere mit Recht auch meinen,
dass weinen,
den Deinen,
den Euren
den Teuren,
die, die sich offenbaren
die, die waren
jetzt hilft.

Leben –
Was heißt denn das?

Weinen, Lachen,
Lachen, Weinen!

Das gilt für Dich,
und auch für mich.

Für die, die kommen,
fürs Leben gewonnen!

Für die, die sich paaren,
für die, die mal waren.

Für die, die Kinder geboren,
später sie dann verloren.

Für die, die weinen,
weil sie meinen,
dass weinen
den Deinen,
den Euren,
den Teuren,
jetzt hilft.

Mexiko Acryl auf Leinwand (80/60cm)

Lachen

Lachen ist die Einstellung zum Tod wie auch zum Leben, denn beides kann man nicht voneinander trennen.
Die Einstellung zum Leben ist die Einstellung zum Tod. Das Leben ist für den Tod da, und es existiert durch den Tod. Ohne Tod gibt es kein Leben!
Der Tod macht das Leben erst möglich.
Der Tod ist kein Feind, er ist ein Freund.
Der Tod ist der Gipfel des Lebens.
Der Tod ist nicht das Ende.
Der Tod ist dein Höhepunkt, das Crescendo.
Die Einstellung zum Tod ist dieselbe wie die zum Leben – die, des Lachens, der Freude und des Feierns.
Wenn du nicht über den Tod lachen kannst, wie willst Du dann über das Leben lachen können?
Wenn du nicht mit dem Tod lachen kannst, wie kannst du dann mit dem Leben lachen?
Jede Handlung, jede Bewegung, jede Emotion und jeder Moment im Leben bringen dich
dem Tod näher. Dein Tod kommt immer.
Wenn du aber über den Tod lachen kannst, kannst du auch über das Leben lachen,
denn dann bist du von allem frei.
Dann bist du Freiheit.
Lache, es gibt niemanden der stirbt.

Karneval der Clowns *Kollage von gerissenem Papier bearbeitet mit Acryl und Filzstiften (60/50cm)*

Alleine sein

Wer ohne Fühlen nur mit Denken lebt sein Leben,
muss sich der großen Einsamkeit ergeben.
Er schnell für sich erkennt,
dass er Respekt verschenkt!
Wenn dich die anderen nicht anerkennen,
dich niemand einen Freund wird nennen.
Du musst alleine wandern durch ein ödes Leben,
denn keiner wird dich mit den Armen heben.
Ohne viel Kontakt,
bist du mit Einsamkeit im Pakt.
Ohne Freunde durch das Leben rennen,
ist wie langsam zu verbrennen.
Du verbitterst immer mehr,
deine Seele wird ganz leer.
Darum denke erst und fühle dann,
so lernst du auch erkennen wann,
es gilt zu reagieren,
um nicht alles zu verlieren.

In einen Freundeskreis gebettet,
hast du dein Leben dir gerettet.

Flieg Vogel, flieg *Aquarell (20/30cm)*

Kinder

Paare, die körperlich vereint
haben manchmal sehr beweint,
das Kindersegen sich nicht erfüllte
weil das Ei in Stille sich nur hüllte.
Die Anderen zum Jubel neigten,
da nach 9 Monaten sich Kinder zeigten.
Sehr stolz waren diese Paare
damit die Umwelt nun erfahre
dass es weiter geht mit ihren Sippen,
die Familie musste emsig tippen:
Dem Opa sieht der Nachwuchs ähnlich
hat Oma keine Gene nämlich,
die Ähnlichkeit in dieser Form erzwingen,
das wird ihr auch nicht mehr gelingen.
Die Eltern aber hatten ein Begehren,
wer wollte ihnen das verwehren.
Vergessen wollte man die eigene Jugend,
die zwanghaft führte zur heutigen Tugend.
Weg mit der Last, genannt Vergangenheit
daran hängt doch auch viel Leid.
Wir machen alles besser, ganz bestimmt,
damit Erziehung neu beginnt.
Geschehen soll es ohne Zwang und nur mit Liebe
dann setzt es für den Nachwuchs niemals Hiebe.
Flott lernt das Kind die Eltern lieben,
auch wenn Maßnahmen der Erziehung blieben.

Die Erziehung wurde sanft gepflegt,
so hat sich mancher Streit gelegt.
Er kam doch gar nicht wirklich auf,
Routine nahm jetzt auf den Lauf.
Das Kind wuchs nun heran,
verzauberte mit Tricks die Eltern dann,
die es gelernt hat irgendwo und irgendwann.
Mal war Papa Favorit,
die Mama dann in Not geriet.
Das andere Mal war es umgekehrt,
wer hätte das dem Kind verwehrt.
Der Papa war jetzt Bösewicht,
Mama sagt's ihm ins Gesicht,
die Oma stimmte dem noch bei,
und Papa hasste das Geschrei.
Ob das zu der Auffassung der Eltern passte,
wo man gemeinsam Regeln noch verfasste,
wusste keiner zu dieser Zeit,
doch war man stets bereit
aus diesem Kind zu machen etwas Gutes,
schon wegen der Gene und des Blutes.
Fortan hatte jeder Tipps zur Hand,
was die Familie naturgemäß verband.
Die Pubertät war überwunden,
alle hatten sich doch sehr geschunden.
Auch wurde mit Vehemenz und aller Wucht
erfolgreich gekämpft gegen jede Art von Sucht.

„Die Ausbildung steht nun im Vordergrund"
Zu hören war's aus jedem Mund.
Das Kind zum Lernen macht bereit,
für Müßiggang bleibt keine Zeit.
Das Leben heute ist viel härter für die Jugend
und das verändert auch die Tugend.
Auch diese Hürde nahmen wir als Eltern gerne
lag es uns doch immer ferne,
zu verbieten und zu sagen Stopp und Halt,
Liebe ist doch warm, eben nicht kalt.
Das ging so weiter jahrein, jahraus,
aus dem Rhythmus kam man nicht mehr raus.
Erwachsen wurde der Nachwuchs nun
die Eltern hatten nichts mehr zu tun.
Geschaffen war der Mensch für eine Welt,
die nur noch zählt das liebe Geld.
Aber manchmal stellt sich eine Frage ohne Wahl
die macht das Leben dann zur Qual:
Warum hüllt der Mensch ganz eigen
sich verdammt noch mal in Schweigen?
Was wird den Eltern nur zur Last gelegt,
sie haben doch ihr Kind tagein, tagaus gepflegt?
Eine Antwort wäre ehrlich,
für das Kind jedoch ist sie entbehrlich!

Trauer macht sich wirklich breit,
weil Hoffnung ist entfernt ganz weit!

Abgeblockt   *Acryl auf Leinwand (60/40cm)*